KB216124

혼자는 아닐거야

글·그림 석용욱

gtm

예수님이 걸으셨던 그 외딴 길을 따라
이 세상의 길을 거꾸로 거슬러 올라가던 시간들

그러나 그분의 뜻 언저리에도 미치기 어려워
지친 발걸음으로 되돌아가던 그 길의 끝에서
문득 이런 물음을 던져봅니다.

"그때 나는 혼자였을까?"

" … 나는 과연 혼자였을까?"

끝없이 실패한 느낌이
도무지 지워지지가 않는 그때…

그분은 잊지 않고 꼭 나를 찾으십니다.

딩동
와!

어느 날 문득

오랫동안 알고 지내던 일본(교토) 선교사님을 찾아뵙고 싶다는 생각이 강하게 들었습니다. 하지만 충동적인 감정일 수도 있다는 생각이 들었고 재정적으로도 여유가 없어서 그 생각을 지우려 노력했습니다. 그런데 이상하게도 지우려 하면 할수록 생각이 더욱 또렷해져갔습니다. 결국 성령의 인도하심이라는 결론을 내린 후 티켓을 구매해 일본으로 날아갔습니다. 그리고 그곳에서 선교사님 부부를 만나게 되었지요.

오랜만의 재회인지라 교토 시내도 구경하고 맛있는 음식도 먹으며 깊이 교제하는 시간을 갖게 되었습니다. 하지만 그 가운데서도 마음 한구석에는 마치 숙제를 풀어가듯 성령께서 그곳으로 인도하신 이유에 대해 끊임없이 묻고 또 묻고 있었지요.

'왜 나를 성령께서 이토록 급작스럽게 이곳으로 인도하신 것일까?'
'어떤 비전이 나를 기다리고 있는 것인가? 내 다음 선교지가 일본인가?'

즐거운 교제와 풀리지 않는 숙제가 교차하며 며칠을 보내던 중 함께 온천을 가기로 했던 어느 날이었습니다. 부푼 기대를 안고 온천 앞에 도착했지만 '임시휴일'이라는 푯말이 붙어있었습니다. 개인적으로 온천욕과 사우나를 즐기는 저는 내심 실망을 했고 실망감을 달래기 위해 근처 쇼핑몰을 찾아 들어가 전자상품 코너를 기웃거리기 시작했습니다. 그렇게 기웃거리던 중 닌텐도 게임기 한 대가 눈에 딱 들어왔습니다. 순간 누가 발목을 붙잡기라도 한 듯 발걸음은 게임기 앞에 멈춰 섰고 그와 동시에 게임기를 갖고 싶어 수년간 기도해왔다던 선교사님 큰 딸의 얼굴이 떠올랐습니다. 아뿔싸!

가진 경비를 모두 털어 게임기를 구입한 후 그날 밤 선교사님 댁 큰 아이에게 깜짝 선물로 주었습니다. 선물을 받은 아이는 너무나 행복해했고 아이가 행복해하는 모습을 보는 선교사님 부부도 행복해했습니다. 물론 이 모두를 지켜 본 저는 더할 나위 없이 행복했지요. 그리곤 알게 되었습니다. 내가 왜 멀리 바다 건너 일본까지 와야 했는지를.

하나님은 그런 분이십니다. 그 분은 세상을 만드시고 역사를 주관하시는 위대한 분이지만, 동시에 들의 백합화를 키우시고 내일 아궁이에 던져질 수도 있는 풀을 입히시는 섬세한 분이십니다. 그런 위대하고 섬세한 아버지께서 당신과 나의 일상 속으로 더 깊이 찾아오시기 위해 자신의 모든 수단을 동원하십니다. 이름 모를 선교사 자녀의 정서적 필요를 채우기 위해 바다 건너 저를 움직이신 것처럼 말이지요. 그리고 그 마음의 궁극적 표현으로 우리에게 예수그리스도를 보내주셨습니다.

이 책은 현대의 언어로 풀어낸 복음서의 예수님 이야기입니다. 예수님께서는 그 당시의 사람들이 가장 흔하게 사용하던 일상적 언어와 비유로 하나님이 어떤 분이신지 그리고 영적원리가 무엇인지를 설명하고 가르치셨습니다. 그런 예수님의 정신이야말로 우리 삶 구석구석 찾아오고 싶어 하시는 하나님의 마음을 가장 잘 표현한 예가 아닐 수 없습니다. 그리고 저는 그런 예수님의 정신을 전달해보고 싶었습니다.

때로는 위대한 예수님의 기적이 신성모독처럼 느껴질 만큼 평범하게 묘사된 그림도 있고 과도한 해석으로 조금 난해해진 그림도 있지만, 근본적 취지는 성경의 원본을 훼손하려는 것이 아니라 더 쉽고 가깝게 다가오시는 예수님의 정신을 전달해 보려했던 것이었다고 밝히고 싶습니다. 그리고 그런 취지에 맞게 이 책이, 예수님이 멀게 느껴지던 분들은 그분을 더 가까이 느끼고 예수님을 모르던 분들은 그분을 알아가고 싶은 마음을 얻게 되는데 사용되어지기를 소망합니다.

늘 그렇듯, 제 삶의 모든 시간을 투자해서 글을 쓰고 그림을 그리는 전문작가가 아니기에 부족한 책을 필독해주시는 독자들께는 항상 미안한 마음이 앞섭니다. 그 미안한 마음을 전하며, 완성도와 상관없이 책을 사랑해주시고 지지해주시는 모든 분들께 감사의 마음도 함께 전합니다...

석용욱 드림

때로는 삶이 물 위의 방주처럼
방향 없이 표류하고 있는 것처럼 느껴질 때가 있어.

달리다 서버린 자동차처럼

'내 인생이 고장 난 건 아닐까' 하는

생각이 들기도 하지.

그럴 땐 잠시 멈춰 서서

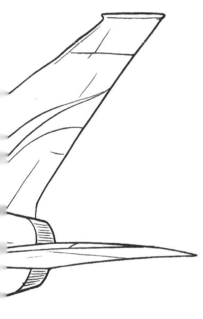

어떤 이야기 속으로 여행을 떠나보지 않으련?

아주 거대하면서도 좁은 길.

오래된 이야기지만

오늘 너의 이야기이기도 한,

그런

여행.

궁금하지 않니?

그 이야기 속을 걷다 보면
다시 나아가야 할 방향을 반드시 찾게 될 거야.

그리고 그 길은,

혼자서 걷게 되진 않을 거야.

혼자는
아닐거야

너희는 나의 친구라 종의 영에서 친구의 영으로

이제부터는 너희를 종이라 하지 아니하리니 **종은 주인의 하는 것을 알지 못함이라 너희를 친구라 하였노니** 내가 내 아버지께 들은 것을 다 너희에게 알게 하였음이니라

하나님과 친구가 되면

'두려움으로 순종하는 사이' 가 아니라

'기쁨으로 참여하는 사이' 가 됩니다.

서로가 하는 일을 깊이 이해하게 되기 때문입니다.

I no longer call you servants, because a servant does not know his master's business. Instead, I have called you friends, for everything that I learned from my Father I have made known to you. John 15:15

양은 목자의 음성을 듣나니

네 마음 안에는 나의 인도를 감지할 수 있는
센서가 이미 내장되어 있단다.

내 양은 내 음성을 들으며
나는 저희를 알며 저희는 나를 따르느니라

My sheep listen to my voice; I know them, and they follow me. John 10:27

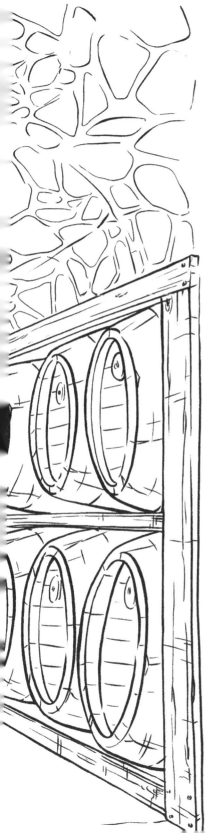

가나의 혼인 잔치 세상을 바꿀 기적의 시작

예수께서 저희에게 이르시되 항아리에 물을 채우라 하신즉 아
구까지 채우니 이제는 떠서 연회장에게 갖다 주라 하시매 갖
다 주었더니 **연회장은 물로 된 포도주를 맛보고 어디서 났는
지 알지 못하되 물 떠온 하인들은 알더라**

역사를 바꾼 기적의 시작은 어느 이름 모를

촌의 결혼식에서 시작되었습니다.

그분은 늘 그렇게 소박한 일상 속에서

특별한 무언가를 시작하십니다.

Jesus said to the servants, "Fill the jars with water";
so they filled them to the brim. Then he told them,
"Now draw some out and take it to the master of the
banquet." They did so, and the master of the banquet
tasted the water that had been turned into wine. He
did not realize where it had come from, though the
servants who had drawn the water knew. John 2:7-9

어부들을 제자로 부르시다 깊은 곳에 그물을 내릴 때

시몬이 대답하여 가로되 선생이여 우리들이 **밤이 맞도록 수고를 하였으되 얻은 것이 없지마는 말씀에 의지하여 내가 그물을 내리리이다** 하고 그리한즉 고기를 에운 것이 심히 많아 그물이 찢어지는지라

제자는 밤이 새도록 수고하지 않습니다.

그저 내리라는 곳에 그물을 내립니다.

제자의 삶은 그런 것입니다.

Simon answered, "Master, we've worked hard all night and haven't caught anything. But because you say so, I will let down the nets." When they had done so, they caught such a large number of fish that their nets began to break. Luke 5:5-6

사고 싶은 것도 많고
갖고 싶은 것도 너무 많아요.

이와 같이 너희 중에 누구든지 자기의 모든 소유를 버리지 아니하면 능히 내 제자가 되지 못하리라

나의 선택엔 곧 내가 드러나는 법입니다.

나는 오늘 무엇을 선택하고 있나요?

In the same way, any of you who does not give up everything he has cannot be my disciple. Luke 14:33

한밤중에 예수님을 찾아간 니고데모 지성의 회심

바리새인 중에 니고데모라 하는 사람이 있으니 유대인의 관원이라 그가 밤에 예수께 와서 가로되 랍
비여 우리가 당신은 하나님께로서 오신 선생인 줄 아나이다 하나님이 함께 하시지 아니하시면 당신
의 행하시는 이 표적을 아무라도 할 수 없음이니이다

예수님은 인간의 얕은 지식을 훌쩍 뛰어넘어

자신을 나타내십니다.

그분이 자신을 직접 나타내실 때에만 비로소 그분

을 알 수가 있습니다.

Now there was a man of the Pharisees named Nicodemus, a member of the Jewish ruling council. He came to Jesus at night and said, "Rabbi, we know you are a teacher who has come from God. For no one could perform the miraculous signs you are doing if God were not with him." John 3:1-2

지식 너머에 지혜가 있고

지혜 너머에 계시가 있습니다.

그분은 모든 지식과 지혜 위의 계시입니다.

In the beginning was the Word, and the Word was with God, and the Word was God.
John 1:1

지식을 뛰어넘는 계시의 힘

태초에 말씀이 계시니라 이 말씀이 하나님과 함께 계셨으니
이 말씀은 곧 하나님이시니라

오병이어 오천 명을 먹이시다

예수께서 떡 다섯 개와 물고기 두 마리를 가지사 하늘을 우러러 축사하시고 떡을 떼어 제자들에게 주어 사람들 앞에 놓게 하시고 또 물고기 두 마리도 모든 사람에게 나누어 주시매 다 배불리 먹고 남은 떡 조각과 물고기를 열두 바구니에 차게 거두었으며 떡을 먹은 남자가 오천 명이었더라

신화가 아니라 실화입니다.

먹고 마시는 모든 것이 그분 손에 있기 때문입니다.

Taking the five loaves and the two fish and looking up to heaven, he gave thanks and broke the loaves. Then he gave them to his disciples to set before the people. He also divided the two fish among them all. They all ate and were satisfied, and the disciples picked up twelve basketfuls of broken pieces of bread and fish. The number of the men who had eaten was five thousand. Mark 6:41-44

복음을 마시다

내 피는 참된 음료로다 내 피를 마시는 자는 내 안에 거하고 나도 그 안에 거하나니 살아계신 아버지
께서 나를 보내시매 내가 아버지로 인하여 사는 것같이 나를 먹는 그 사람도 나로 인하여 살리라

복음은 마치 에스프레소처럼

무엇인가를 섞지 않아도 그 자체로 이미 진합니다.

For my flesh is real food and my blood is real drink. Whoever eats my flesh and drinks
my blood remains in me, and I in him. Just as the living Father sent me and I live be-
cause of the Father, so the one who feeds on me will live because of me. John 6:55-57

너희를 쉬게 하리라

수고하고 무거운 짐 진 자들아 다 내게로 오라 내가 너희를 쉬게 하리라 **나는 마음이 온유하고 겸손하니 나의 멍에를 메고 내게 배우라** 그러면 너희 마음이 쉼을 얻으리니 이는 내 멍에는 쉽고 내 짐은 가벼움이라 하시니라

성경은 마음의 쉼을 얻으려면

자신의 짐을 버리고

온유하고 겸손하신 예수님의 마음을 배우라고 합니다.

참된 쉼은 비움과 배움에 있습니다.

"Come to me, all you who are weary and burdened, and I will give you rest. Take my yoke upon you and learn from me, for I am gentle and humble in heart, and you will find rest for your souls. For my yoke is easy and my burden is light." Matthew 11:28-30

52

물 위를 걷다 두려움을 뛰어넘어 그 위로

밤 사경에 **예수께서 바다 위로 걸어서 제자들에게 오시니** 제자들이 그 바다 위로 걸어오심을 보고 놀라 유령이라 하며 무서워하여 소리지르거늘 예수께서 즉시 일러 가라사대 안심하라 내니 두려워 말라 베드로가 대답하여 가로되 주여 만일 주시어든 나를 명하사 물 위로 오라 하소서 한대 오라 하시니 베드로가 배에서 내려 물 위로 걸어서 예수께로 가되

우리가 살아가고 있는 세상 속에서

믿음은 중요한 순간마다 물위를 걸어야 하는 도전들을 요구합니다.

During the fourth watch of the night Jesus went out to them, walking on the lake. When the disciples saw him walking on the lake, they were terrified. "It's a ghost," they said, and cried out in fear. But Jesus immediately said to them: "Take courage! It is I. Don't be afraid." "Lord, if it's you," Peter replied, "tell me to come to you on the water." "Come," he said. Then Peter got down out of the boat, walked on the water and came toward Jesus. Matthew 14:25-29

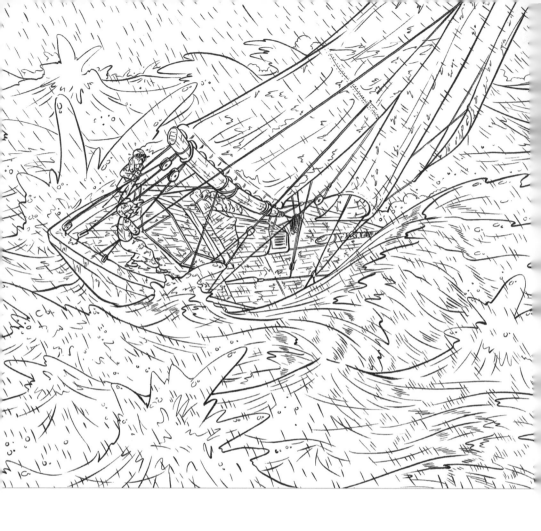

하루는 제자들과 함께 배에 오르사 저희에게 이르시되 호수 저편으로 건너가자 하시매 이에 떠나 행
선할 때에 예수께서 잠이 드셨더니 마침 광풍이 호수로 내리치매 배에 물이 가득하게 되어 위태한지
라 제자들이 나아와 깨워 가로되 주여 **주여 우리가 죽겠나이다** 한대 예수께서 잠을 깨사 바람과 물
결을 꾸짖으시니 이에 그쳐 잔잔하여지더라

마치 내 마음 같습니다. 주님...

오늘도 내 마음의 호수에는 광풍이 내리칩니다.

One day Jesus said to his disciples, "Let's go over to the other side of the lake." So they got into a boat and set out. As they sailed, he fell asleep. A squall came down on the lake, so that the boat was being swamped, and they were in great danger. The disciples went and woke him, saying, "Master, Master, we're going to drown!" He got up and rebuked the wind and the raging waters; the storm subsided, and all was calm.
Luke 8:22-24

내 안에 거하라 나도 너희 안에 거하리라 가지가 포도나무에 붙어 있지 아니하면 절로 과실을 맺을 수 없음같이 너희도 내 안에 있지 아니하면 그러하리라 나는 포도나무요 너희는 가지니 저가 내 안에, 내가 저 안에 있으면 이 사람은 과실을 많이 맺나니 나를 떠나서는 너희가 아무것도 할 수 없음이라

Remain in me, and I will remain in you. No branch can bear fruit by itself; it must remain in the vine. Neither can you bear fruit unless you remain in me. "I am the vine; you are the branches. If a man remains in me and I in him, he will bear much fruit; apart from me you can do nothing. John 15:4-5

거창한 일을 하려고 하지 마십시오.

그저 붙어 있으십시오.

붙어 있기만 하면 되는 것입니다.

달리다굼 소녀야 일어나라

들어가서 저희에게 이르시되 너희가 어찌하여 훤화하며 우느냐 이 **아이가 죽은 것이 아니라 잔다** 하시니 저희가 비웃더라 예수께서 저희를 다 내어 보내신 후에 아이의 부모와 또 자기와 함께한 자들을 데리시고 아이 있는 곳에 들어가사 그 아이의 손을 잡고 가라사대 달리다굼 하시니 번역하면 곧 소녀야 내가 네게 말하노니 일어나라 하심이라 **소녀가 곧 일어나서 걸으니** 나이 열두 살이라 사람들이 곧 크게 놀라고 놀라거늘

한때는 타올랐었지만 지금은 잠자고 있는 당신의 옛 믿음에게 말씀하십시오.

달리다굼

He went in and said to them, "Why all this commotion and wailing? The child is not dead but asleep." But they laughed at him. After he put them all out, he took the child's father and mother and the disciples who were with him, and went in where the child was. He took her by the hand and said to her, "Talitha koum!" (which means, "Little girl, I say to you, get up!"). Immediately the girl stood up and walked around (she was twelve years old). At this they were completely astonished. Mark 5:39-42

유일하게 죄를 지적할 자격을 가진 한 존재가

아무것도 지적하지 않고 용납해줄 때가 있습니다.

그런데 그 순간 모든 방어가 풀리고 죄를 자백하게 됩니다.

예수님은 정죄와 심판 속에서

'용서'라는 샛길을 내셨습니다.

하나님의 아들이 아니고서는

누구도 그렇게 할 수 없습니다.

Jesus straightened up and asked her, "Woman, where are they? Has no one con-
demned you?" "No one, sir," she said. "Then neither do I condemn you," Jesus de-
clared. "Go now and leave your life of sin." John 8:10-11

간음 중에 잡힌 여인 너희 중에 죄 없는 자가 먼저 돌로 치라

예수께서 일어나사 여자 외에 아무도 없는 것을 보시고 이르시되 여자여 너를 고소하던 그들이 어디 있느냐 너를 정죄한 자가 없느냐 대답하되 주여 없나이다 예수께서 가라사대 **나도 너를 정죄하지 아 니하노니 가서 다시는 죄를 범치 말라** 하시니라

옥합을 깨뜨린 여인 네 믿음이 너를 구원하였다

그 동네에 죄인인 한 여자가 있어 예수께서 바리새인의 집에 앉으셨음을 알고 향유 담은 옥합을 가지고 와서 예수의 뒤로 그 발 곁에 서서 울며 눈물로 그 발을 적시고 자기 머리털로 씻고 그 발에 입 맞추고 향유를 부으니. 이러므로 내가 네게 말하노니 저의 많은 죄가 사하여졌도다 이는 저의 사랑함이 많음이라 사함을 받은 일이 적은 자는 적게 사랑하느니라 이에 여자에게 이르시되 네 죄 사함을 얻었느니라 하시니 함께 앉은 자들이 속으로 말하되 이가 누구이기에 죄도 사하는가 하더라 예수께서 **여자에게 이르시되 네 믿음이 너를 구원하였으니 평안히 가라** 하시니라

이 여인은 자신의 믿음을 표현하고 입증했습니다.

믿음은 사색이나 이론이 아닙니다.

When a woman who had lived a sinful life in that town learned that Jesus was eating at the Pharisee's house, she brought an alabaster jar of perfume, and as she stood behind him at his feet weeping, she began to wet his feet with her tears. Then she wiped them with her hair, kissed them and poured perfume on them. Therefore, I tell you, her many sins have been forgiven - for she loved much. But he who has been forgiven little loves little." Then Jesus said to her, "Your sins are forgiven." The other guests began to say among themselves, "Who is this who even forgives sins?" Jesus said to the woman, "Your faith has saved you; go in peace." Luke 7:37-38, 47-50

칠십 인의 파송 세상으로 보내질 때에

이후에 주께서 달리 칠십 인을 세우사 친히 가시려는 각 동 각처로 둘씩 앞서 보내시며 이르시되 추수할 것은 많되 일군이 적으니 그러므로 추수하는 주인에게 청하여 추수할 일군들을 보내어 주소서 하라 갈지어다 **내가 너희를 보냄이 어린 양을 이리 가운데로 보냄과 같도다**

그리스도인으로 살아가는 것은 결코 쉽지 않은 일입니다.

이리 가운데서

양으로 살아야 하기 때문입니다.

한때 이리였으나

양으로 살아야 하기 때문입니다.

After this the Lord appointed seventy-two others and sent them two by two ahead of him to every town and place where he was about to go. He told them, "The harvest is plentiful, but the workers are few. Ask the Lord of the harvest, therefore, to send out workers into his harvest field. Go! I am sending you out like lambs among wolves.
Luke 10:1-3

삭개오를 찾아서 마음이 가난한 부자들에게

예수께서 그곳에 이르사 우러러 보시고 이르시되 **삭개오야 속히 내려오라** 내가 오늘 네 집에 유하여야 하겠다 하시니 급히 내려와 즐거워하며 영접하거늘

삭개오야 속히 내려오라.

네 외로움과 공허함으로부터.

When Jesus reached the spot, he looked up and said to him, "Zacchaeus, come down immediately. I must stay at your house today." So he came down at once and welcomed him gladly. Luke 19:5-6

탕자를 위한 파티 한 영혼이 돌아온다는 것

아버지는 종들에게 이르되 제일 좋은 옷을 내어다가 입히고 손에 가락지를 끼우고 발에 신을 신기라
그리고 살진 송아지를 끌어다가 잡으라 우리가 먹고 즐기자 이 내 아들은 죽었다가 다시 살아났으며
내가 잃었다가 다시 얻었노라 하니 저희가 즐거워하더라

한 마디 칭찬이 바위보다 큰 고래를 춤추게 한다죠.

한 영혼의 회심은 우주보다 큰 하나님을 춤추게 합니다.

한 영혼이 돌아온다는 것은 그런 것입니다.

"But the father said to his servants, 'Quick! Bring the best robe and put it on him. Put a ring on his finger and sandals on his feet. Bring the fattened calf and kill it. Let's have a feast and celebrate. For this son of mine was dead and is alive again; he was lost and is found.' So they began to celebrate. Luke 15:22-24

나귀를 타신 왕

너희 맞은편 마을로 가라 그리로 들어가면 아직 아무 사람도 타 보지 않은 나귀새끼의 매여 있는 것을 보리니 풀어 끌고 오너라 만일 누가 너희에게 어찌하여 푸느냐 묻거든 이렇게 말하되 **주가 쓰시겠다 하라** 하시매 보내심을 받은 자들이 가서 그 말씀하신 대로 만난지라 나귀새끼를 풀 때에 그 임자들이 이르되 어찌하여 나귀새끼를 푸느냐 대답하되 **주께서 쓰시겠다** 하고

예수님은 준마駿馬가 아닌 나귀를 쓰셨습니다.

그리고 당신을 쓰겠다 하십니다.

"Go to the village ahead of you, and as you enter it, you will find a colt tied there, which no one has ever ridden. Untie it and bring it here. If anyone asks you, 'Why are you untying it?' tell him, 'The Lord needs it.'" Those who were sent ahead went and found it just as he had told them. As they were untying the colt, its owners asked them, "Why are you untying the colt?" They replied, "The Lord needs it." Luke 19:30-34

예루살렘에 입성하시다 온 성이 소동하다

예수께서 **예루살렘에 들어가시니 온 성이 소동하여 가로되 이는 누구뇨** 하거늘 무리가 가로되 갈릴리 나사렛에서 나온 선지자 예수라 하니라

예수님의 능력이 살아 역사하는 곳은 소동이 날 수밖에 없습니다.

무너진 벽은 보수되고 높이 선 탑은 쓰러지기 때문입니다.

When Jesus entered Jerusalem, the whole city was stirred and asked, "Who is this?"
The crowds answered, "This is Jesus, the prophet from Nazareth in Galilee."
Matthew 21:10-11

백성이 즐겁게 듣더라

예수께서 성전에서 가르치실쌔 대답하여 가라사대 어찌하여 서기관들이 그리스도를 다윗의자손이라
하느뇨 다윗이 성령에 감동하여 친히 말하되 주께서 내 주께 이르시되 내가 네 원수를 네 발 아래 둘
때까지 내 우편에 앉았으라 하셨도다 하였느니라 다윗이 그리스도를 주라 하였은즉 어찌 그의 자손
이 되겠느냐 하시더라 **백성이 즐겁게 듣더라**

그분은 일방적으로 가르치지 않으셨습니다.

사람들과 '소통'하셨습니다.

그래서 백성이 즐겁게 들었던 것입니다.

While Jesus was teaching in the temple courts, he asked, "How is it that the teachers of
the law say that the Christ is the son of David? David himself, speaking by the Holy Spirit,
declared: "'The Lord said to my Lord: "Sit at my right hand until I put your enemies un-
der your feet." David himself calls him 'Lord.' How then can he be his son?" The large
crowd listened to him with delight. Mark 12:35-37

자, 그래서 큰 물고기가 요나를 삼켰던 거란다.

모세를 믿었더면 또 나를 믿었으리니 이는 그가 내게 대하여 기록하였음이라

성경은 하나님의 영감으로 기록된 책입니다(딤후 3:16).

그러므로 성경을 믿는다는 것은 곧 하나님을 믿는 것입니다

If you believed Moses, you would believe me, for he wrote about me. John 5:46

제사장들에게 붙잡히시다 십자가라는 거대한 의미의 시작

저희가 예수를 끌고 대제사장에게로 가니 대제사장들과 장로들과 서기관들이 다 모이더라

그는 하나님의 뜻으로부터 저항하지 않았습니다.

자신의 뜻에 끝까지 저항하셨습니다.

They took Jesus to the high priest, and all the chief priests, elders and teachers of the law came together. Mark 14:53

빌라도 앞에 서다 완전한 침묵

빌라도가 또 물어 가로되 아무 대답도 없느냐 저희가 얼마나 많은 것으로 너로 고소하는가 보라 하
되 예수께서 다시 아무 말씀도 대답지 아니하시니 빌라도가 기이히 여기더라

그는 자신의 입장을 해명하지 않았습니다.

그 순간엔 침묵만이 진리였기 때문입니다.

지금도 소리치고 있는 우리에게

그분은 때때로 침묵이라는 답을 내놓으십니다.

So again Pilate asked him, "Aren't you going to answer? See how many things they are
accusing you of." But Jesus still made no reply, and Pilate was amazed. Mark 15:4-5

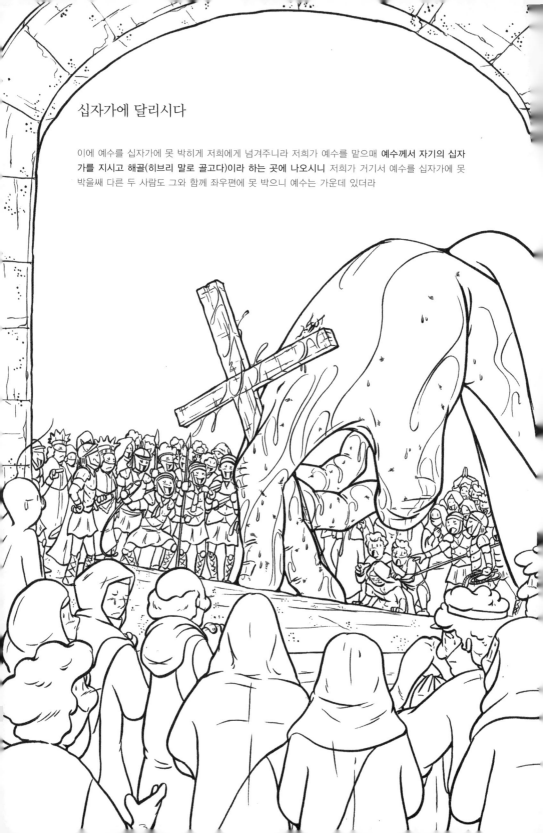

십자가에 달리시다

이에 예수를 십자가에 못 박히게 저희에게 넘겨주니라 저희가 예수를 맡으매 **예수께서 자기의 십자가를 지시고 해골(히브리 말로 골고다)이라** 하는 곳에 나오시니 저희가 거기서 예수를 십자가에 못박을쌔 다른 두 사람도 그와 함께 좌우편에 못 박으니 예수는 가운데 있더라 그는 십자가에서 빠져나올 수 있는 힘을 가지고 있었습니다.

그러나 그 힘을 사용하지 않았습니다.

그 안에 숨겨진 겸손의 비밀이 보이시나요?

Finally Pilate handed him over to them to be crucified. So the soldiers took charge of Jesus. Carrying his own cross, he went out to the place of the Skull (which in Aramaic is called Golgotha). Here they crucified him, and with him two others - one on each side and Jesus in the middle. John 19:16-18

3일 후

Three Days Later

죽기 위해 죽는 것이 아니라 살기 위해 죽는 것입니다.

예수님이 부활하셨기 때문입니다.

So Peter and the other disciple started for the tomb. Both were running, but the other disciple outran Peter and reached the tomb first. He bent over and looked in at the strips of linen lying there but did not go in. John 20:3-5

예수님의 무덤 두려움과 설렘의 교차로에서

베드로와 그 다른 제자가 나가서 무덤으로 갈쌔 둘이 같이 달음질하더니 그 다른 제자가 베드로보다
더 빨리 달아나서 **먼저 무덤에 이르러 구푸려 세마포 놓인 것을 보았으나 들어가지는 아니하였더니**

엠마오로 가는 길 삶의 내리막길에서

그날에 저희 중 둘이 예루살렘에서 이십오 리 되는 엠마오라 하는 촌으로 가면서 이 모든 된 일을 서로 이야기하더라 저희가 서로 이야기하며 문의할 때에 예수께서 가까이 이르러 저희와 동행하시나 저희의 눈이 가리워져서 그인 줄 알아보지 못하거늘

저희가 서로 말하되 길에서 우리에게 말씀하시고 우리에게 성경을 풀어 주실 때에 우리 속에서 마음이 뜨겁지 아니하더냐 하고

모두가 끝났다고 생각하던 그 자리에서 우리는 다시 시작하게 됩니다.

엠마오로 가는 길에 예수님을 만나 다시 뜨거워진 제자들처럼 말입니다.

Now that same day two of them were going to a village called Emmaus, about seven miles from Jerusalem. They were talking with each other about everything that had happened. As they talked and discussed these things with each other, Jesus himself came up and walked along with them.
They asked each other, "Were not our hearts burning within us while he talked with us on the road and opened the Scriptures to us?" Luke 24:13-15, 32

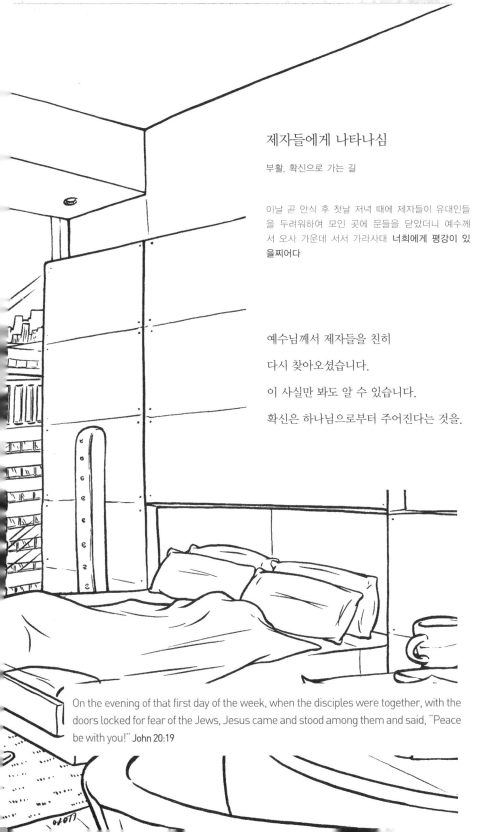

제자들에게 나타나심

부활, 확신으로 가는 길

이날 곧 안식 후 첫날 저녁 때에 제자들이 유대인들을 두려워하여 모인 곳에 문들을 닫았더니 예수께서 오사 가운데 서서 가라사대 **너희에게 평강이 있을찌어다**

예수님께서 제자들을 친히

다시 찾아오셨습니다.

이 사실만 봐도 알 수 있습니다.

확신은 하나님으로부터 주어진다는 것을.

On the evening of that first day of the week, when the disciples were together, with the doors locked for fear of the Jews, Jesus came and stood among them and said, "Peace be with you!" John 20:19

나는 물고기나 잡으러 가노라

그 후에 예수께서 디베랴 바다에서 또 제자들에게 자기를 나타내셨으니 나타내신 일이 이러하니라 시몬 베드로와 디두모라 하는 도마와 갈릴리 가나 사람 나다나엘과 세베대의 아들들과 또 다른 제자 둘이 함께 있더니 시몬 베드로가 **나는 물고기 잡으러 가노라 하매 저희가 우리도 함께 가겠다 하고** 나가서 배에 올랐으나 이 밤에 아무것도 잡지 못하였더니

하나님 앞에서 내 자신을

용서할 수 없을 때가 있습니다.

그럴 땐 그분 앞에 나아가지 않고

고기를 잡는다며 다른 곳으로 가버립니다.

Afterward Jesus appeared again to his disciples, by the Sea of Tiberias. It happened this way: Simon Peter, Thomas (called Didymus), Nathanael from Cana in Galilee, the sons of Zebedee, and two other disciples were together. "I'm going out to fish," Simon Peter told them, and they said, "We'll go with you." So they went out and got into the boat, but that night they caught nothing. John 21:1-3

베드로를 찾아가신 예수님 다시 기회를 주시는 하나님

저희가 조반 먹은 후에 예수께서 시몬 베드로에게 이르시되 **요한의 아들 시몬아 네가 이 사람들보다 나를 더 사랑하느냐 하시니** 가로되 주여 그러하외다 내가 주를 사랑하는 줄 주께서 아시나이다 가라사대 내 어린 양을 먹이라 하시고

세 번 이상 부인한 우리를 찾아오시고 조반을 먹이십니다.

다시 주어진 그 기회에 진심으로 감사하게 될 때
우리는 어린 양을 섬기는 삶을 살게 됩니다.

When they had finished eating, Jesus said to Simon Peter, "Simon son of John, do you truly love me more than these?" "Yes, Lord," he said, "you know that I love you." Jesus said, "Feed my lambs." John 21:15

친동생 야고보에게 나타나심 정체성의 회복

장사지낸 바 되었다가 성경대로 사흘 만에 다시 살아나사 게바에게 보이시고 후에 열두 제자에게와
그 후에 오백여 형제에게 일시에 보이셨나니 그중에 지금까지 태반이나 살아 있고 어떤 이는 잠들었
으며 그 후에 **야고보에게 보이셨으며** 그 후에 모든 사도에게와

미치광이 스캔들메이커의 친동생에서
하나님과 실제로 살았던 가족 구성원으로
정체성이 바뀌었습니다.

예수님을 만나면
꼬였던 과거가 풀어지고 흩어졌던 미래가 합쳐집니다.
한마디로 '교통정리'가 되는 것입니다.

that he was buried, that he was raised on the third day according to the Scriptures …
Then he appeared to James, then to all the apostles 1 Corinthians 15:4, 7

영원한 약속 항상 함께 있으리라

볼찌어다 내가 세상 끝날까지 **너희와 항상 함께 있으리라** 하시니라

이 약속이 오늘날까지,

내 삶에 지속되고 있다고 여기는 것이 바로 '믿음'입니다.

And surely I am with you always, to the very end of the age. Matthew 28:20

하늘로 올라가시다 우리 다시 만날 때까지

주 예수께서 말씀을 마치신 후에 하늘로 올리우사 하나님 우편에 앉으시니라

우리가 하늘로 다시 돌아가는 날,

우편에 앉아계시던 예수님께서 일어나

친히 마중 나오실 것입니다.

After the Lord Jesus had spoken to them, he was taken up into heaven and he sat at the
right hand of God. Mark 16:19

이 일을 기록하고, 이 일을 증거한 이가 바로
사도요한을 비롯하여 오늘을 살아가는 수많은 예수의 사람들입니다.
예수님의 행하신 일이 이 책 외에도 많으니 만일 낱낱이 기록된다면
그 기록된 책을 두기엔 이 세상이라도 부족할 것입니다.

그리고 그 행하신 일들은
당신과 나의 삶 속에서 오늘날까지도 계속 이어져가고 있습니다.

This is the disciple who testifies to these things and who wrote them down. We know that his testimony is true. Jesus did many other things as well. If every one of them were written down, I suppose that even the whole world would not have room for the books that would be written. John 21:24-25

오 주님.

우리가 메뚜기 같다는 것이 참으로 맞습니다.

이따금씩 우리는 풀 높이 위로 뛰어올라 거기에 있는 것을 얼핏 봅니다.

그러나 이내 우리는 무성한 풀밭 사이로 내려오고 맙니다.

이것이 우리가 사는 방식입니다.

다만 주님.

우리가 당신과 함께 인생의 큰 그림을 볼 필요가 있을 때에

우리가 더 높이 뛰어오를 수 있도록 도와주십시오.

아멘.

리처드 포스터 (영성을 살다/ IVP)

어느 날 갑자기

뉴욕에서 하던 일을 모두 내려놓고 한국으로 인도하시는 성령의 강한 이끌림을 느꼈습니다. 무척 당황스럽고 부담스러운 이끌림이었습니다. 뉴욕에서 하던 사역과 인간관계들이 조금씩 자리를 잡아가고 있던 중이었기 때문입니다. 하지만 늘 그렇듯 시간이 흐를수록 이끌림은 명확해졌고, 고민 끝에 모든 것들을 내려놓은 채 한국으로 돌아왔습니다. 그런 선택 과정에서 관계자들과 적지 않은 오해가 있었고 지금도 조금 남아있습니다. '자기 자리에서 도망쳤다' 라던가, '뭔가 사람들과 문제가 있었다' 등등.

사람들의 오해보다 더 힘들었던 것은 성령의 인도하심에 대한 확신은 있었으나 때와 상황이 너무 비상식적이었기에 스스로를 이해시킬 수 없었다는 점입니다. 그래서 인생에서 몇 안 되는 힘든 결정 중 하나였습니다. 그렇게 한국으로 돌아와서 그냥 있었습니다. 아무것도 하지 않고 그저 그냥 있었습니다.

'왜 한국으로 돌아온 것일까?'
'정말로 사람들이 말한 것처럼 내가 도망친 것은 아니었을까?'
'성령의 인도하심이 아니었던가?'

수만 가지 생각을 하며 그냥 혼자 있었습니다. 그런데 참으로 아이러닉한 것은 그 답답하고 외로웠던 시간에 예수님이 깊이 찾아와 만나주셨다는 것입니다. 여기에도 논리적인 이유나 합리적인 설명은 없었습니다. 그냥 그때에 마음속으로 찾아오셨고 가까이 느꼈습니다. 여전히 스스로에게 힘들지만 그 어느 때보다 예수님을 깊이 만났습니다. 그리고 그 만남의 감동을 기억하며 이 책의 글을 쓰고 그림을 그려나갔습니다.

삶이란 참 그렇습니다. 이상하리만치 계획대로 되는 경우가 많지 않고 늘 변수의 연속이며 불규칙과 규칙의 교차로 한가운데 서있는 것 같습니다. 내 삶 속에서 일어나는 하나님의 일들을 설득력 있게 설명하고 싶지만 신학도 하지 않은 평신도인 제 입장에서는 정말 불가능한 일입니다. 결국 설명하려 하거나 설득하려하지 않고 그냥 전달만 하기로 했습니다. 그리고 이렇게 일관성 없이 예수님을 당신 께 전달하며 이 책을 마무리하려 합니다.

저는 이 책을 읽는 당신이 만일 예수님을 알지 못하시다면 그 분을 받아 들이시를 바랍니다. 그분이 우리를 위해 죽으시고 부활하셨다는 사실을 믿게 되시면 좋겠습니다. 앞서 말했지만 이해나 설득이 돼서 믿는 것이 아닙니다. 아쉽게도 믿음이란 이해가 앞서야 하는 것이 아니니까요. 누구보다도 제 자 신이 당신을 이해시켜드리고 싶지만 저조차도 이해할 수 없는 것이 믿음이고 신앙인 것 같습니다.

결국 믿는다는 것은 '받아들인다'는 것입니다. 예수님을 받아들이십시오. 받아들이면 믿게 되고 믿게 되면 이해하게 될 것입니다. 이것이 여러분들께 전하고 싶은 제 마지막 이야기입니다.

여러분이 이 책을 읽기 위해 따로 시간을 내어주셨다는 사실 자체가 제게는 특별한 의미가 있습니다. 바로 여러분이 불규칙한 인생의 교차로에 서있는 저에게 혼자가 아니라고 위로해주는 듯 하기 때문 입니다. 투박하고 촌스러운 글과 그림을 읽고 감상해주셔서 진심으로 감사드립니다

한 순간도
혼자이지
않았습니다.

나도...

그리고 당신도...

혼자는 아닐 거야
ⓒ 석용욱, 2011

초판 펴낸날 2012년 1월 1일
2쇄 펴낸날 2012년 3월 15일
글·그림 석용욱

펴낸이 권지현
펴낸곳 지티엠
편집 김마리, 박운희
디자인 서은진
관리·영업 박성복, 박효주
인쇄 인프린팅

주소 서울시 광진구 구의동 254-86 2층
전화 영업부 02-453-3818
편집부 02-6085-3818
전자우편 mariet @nate.com

ISBN 978-89-85447-70-6